Quaderni del Litorale

1

SERGIO FUMICH

DOPO L'8 SETTEMBRE 1943 IN ISTRIA

GOVERNO POPOLARE
E
RAPPRESAGLIA NAZISTA

il Litorale
libri

www.sergiofumich.com

Composizione: Cà "La Gatera" Libri

Stampa e diffusione: Lulu.com
www.lulu.com

ISBN 978-1-4092-0676-7

il Litorale Libri - Trieste
2008

INTRODUZIONE[1]

La furia concitata di quei giorni, con l'esercito italiano in fuga, i bombardamenti tedeschi, l'ondata di violenza che culminò nelle foibe. Poche settimane raccontate attraverso articoli di stampa e documenti dell'epoca, per offrire uno spaccato storico di ciò che furono i primi "infoibamenti" in Istria. E a parte «l'assurda contabilità delle vittime», su cui peraltro esistono versioni discordanti, un giudizio è per Sergio Fumich chiaro: «Non si può parlare di pulizia etnica». Nonostante le autorevoli parole del Capo dello Stato Napolitano, per il relatore scelto da comune di Lodi e Istituto Lodigiano per la storia della Resistenza e dell'età contemporanea su quel periodo è necessaria maggiore obiettività: «Le foibe sono state una terribile tragedia della nostra storia. Ma è necessario raccontare quegli eventi senza esagerare quanto accaduto, altrimenti si rischia di non rendere onore ai morti».

Intervenuto lunedì[2] sera all'Archivio storico, per celebrare la ricorrenza della Giornata del Ricordo, lo scrittore Fumich (originario di Trieste e residente ora nel Lodigiano) ha con grande scrupolo descritto gli episodi accaduti in terra istriana dopo quel tragico 8 settembre 1943. Quindi il terribile effetto domino di un vuoto di potere che è divenuto presto causa di barbari delitti: quella «confusione» indescrivibile con i soldati in festa per la gioia di tornare alle proprie case, le città sotto i bombardamenti tedeschi e le rappresaglie naziste, mentre i comitati partigiani si liberavano dei prigionieri gettandoli nelle cavità carsiche. Un quadro di grande drammaticità e complessità, che affonda le proprie radici nel periodo precedente: «Non si possono negare infatti le responsabilità del fascismo,

---

[1] Articolo di Matteo Brunello "Foibe, una grande tragedia da non strumentalizzare" apparso sul quotidiano *Il Cittadino* di Lodi il 20 febbraio 2008.

[2] Il 18 febbraio 2008.

non si può negare l'intolleranza nazionale, segnata talora da vero e proprio razzismo» che il regime inflisse a quei territori, ha evidenziato Fumich. Per poi seguire passo a passo gli eventi che insanguinarono quelle località, corredati da letture di brani tratti dal quotidiano di Trieste e alcuni testi sull'argomento. Un concentrato di aggrovigliati intrecci che continua ancora a far discutere a distanza di mezzo secolo e a dividere gli storici e i commentatori.

Matteo Brunello

DOPO L'8 SETTEMBRE 1943 IN ISTRIA
GOVERNO POPOLARE E RAPPRESAGLIA NAZISTA

Il testo proposto è, con alcune modifiche, quello della conferenza tenuta da Sergio Fumich presso l'Archivio storico di Lodi in occasione delle manifestazioni per la "Giornata del Ricordo" 2008, organizzate dal Comune di Lodi e dall'Istituto Lodigiano per la storia della Resistenza e dell'età contemporanea.

Gli eventi che riguardano le foibe si svolsero in due momenti precisi: in Istria dopo l'8 settembre 1943 e a Trieste, dopo il primo maggio 1945, quando la città fu liberata, o se volete occupata dalla Quarta armata jugoslava di Tito che anticipò i soldati della 2ª Divisione di fanteria neozelandese che era la punta avanzata del 13° Corpo alleato. Le due vicende, nonostante i salti mortali di una propaganda, che cerca di accomunarle in una sorta di continuum storico, sono tra loro slegate, e, dunque, è corretto trattarle in maniera distinta. La mia esposizione si riferirà in particolar modo ai fatti del settembre/inizio ottobre del 1943.

Presso la biblioteca civica di Trieste è conservato - nella raccolta patria al n. 3-132 - un opuscolo intitolato "Foibe. La tragedia dell'Istria", pubblicato a cura della sezione stampa e propaganda del sedicente Comitato di Liberazione Nazionale Istriano. Il testo è corredato dalle foto dei recuperi attuati nella foiba di Vines [Vinež], già usate dalla propaganda nazifascista nel famoso opuscolo "Ecco il conto!", le uniche foto, sempre le stesse che vengono usate in ogni occasione di propaganda sulla questione. L'opuscolo non è datato, ma si può far risalire, da alcuni riferimenti citati in esso, in un intorno temporale antecedente il 10 febbraio 1947, data in cui fu firmato a Parigi il Trattato di Pace, in base al quale l'Italia perdeva le sue colonie africane, cedeva alla Iugoslavia l'Istria, Fiume (Rijeka), Zara, Ragusa (Dubrovnik) e le isole dell'Adriatico e alla Grecia il Dodecaneso; ed in base al quale, inoltre, Trieste veniva costituita in "territorio libero", diviso in una zona sotto controllo alleato e in un'altra sotto controllo iugoslavo. Data, quella del trattato di pace, che oggi si celebra come "Giorno del ricordo dei martiri delle foibe e degli esuli istriani, fiumani e dalmati".

I toni e tutto l'impianto dell'opuscolo sono antititini. Ad esempio nella didascalia di una foto che mostra il luogo della foiba di Vines [Vinež] da dove, nel 1943, furono recuperate 84 salme, il ritrovamento più consistente – didascalia che recita: "Questa piccola valle aveva udito una notte urla disperate di uomini e donne innocenti massacrate dagli slavi: i carnefici, spinte sull'orlo della foiba le vittime, legate a due a due, avevano fatto fuoco all'impazzata sui corpi ignudi", – viene aggiunto "Forse nell'oscura voragine giacciono oggi nuove vittime, povera gente colpevole – agli occhi di Tito – d'esser nata italiana". E nell'opuscolo sono ripresi e sviluppati i temi della precedente propaganda fascista che si ritrova negli articoli apparsi sulla stampa dopo la rappresaglia tedesca in Istria del 1943. Vi leggo un passo come esempio: "Fu nel settembre dell'armistizio che gli slavi giocarono la loro facile carta, armando con le nostre armi bande affrettatamente raccolte fra l'elemento slavo delle campagne istriane, con lusinghe di immaginari vantaggi, da agitatori locali e d'oltre confine. E bastò meno di un mese, ai nuovi venuti, per compiere il loro antico disegno: colpire l'italianità dell'Istria eliminando i suoi uomini migliori. In venti giorni essi inflissero agli italiani sofferenze e lutti indescrivibilmente più gravi di quanti non abbiano sopportati gli slavi dell'Istria, per colpa del fascismo in venti anni".

L'opuscolo è interessante per vari motivi, innanzitutto perché permette di stabilire le cifre di partenza fissate dalla propaganda antislava a quella assurda contabilità che ancora oggi accompagna la questione delle foibe e dell'esodo: 600 per l'opuscolo nel 1943, quasi 5000 nel maggio 1945. "Cinquemila – cito –, fra arrestati, deportati, massacrati: la loro fine è avvolta nel mistero".

E il primo dato di per sé già gonfiato viene usato come importante puntello alle accuse contro Tito degli eccidi e deportazioni nei quaranta giorni di Trieste e per estensione all'Istria passata alla sovranità statuale jugoslava. Vien detto: "In venti giorni! per farsene un'idea, questa cifra: più di 600 morti. Una media spaventosa: trenta vittime al giorno. Né si sarebbero fermati, se non avessero dovuto abbandonare il campo. Lo dimostrarono infatti al loro ritorno, nel maggio 1945: da allora ad oggi quasi cinquemila persone mancano in Istria, secondo un calcolo inevitabilmente approssimativo ma attendibile".

Ma l'opuscolo è importante perché, sebbene il movente anti Tito fosse lo stesso della propaganda più recente sviluppata dopo la disgregazione della ex Jugoslavia, mostra che nell'immediato dopoguerra vi era la consapevolezza che non si poteva stravolgere definitivamente la realtà di eventi che erano ancora patrimonio di conoscenza e di coscienza di molti. Non solo ad un certo punto si dice che "I contadini slavi non uccisero alcun italiano all'angolo della via, perché nessun slavo era stato ucciso in Istria nei vent'anni di governo italiano!". Per la via ovviamente... perché i tribunali speciali fecero il loro mestiere basti ricordare il solo nome di Vladimir Gortan.

Ma ci spiega altro. Ad esempio, cosa che del resto fanno anche articoli apparsi nel 1943 sul quotidiano di Trieste "Il Piccolo", il perché della nudità, nella maggior parte dei casi, delle salme, che tanto oggi fa scandalo: nella didascalia di un'altra foto del recupero di Vines [Vinež] è scritto: "Gli slavi uccidono e tolgono alle vittime, prima di ammazzarle, tutto ciò che potrebbe facilitare il loro riconoscimento". Un passo di un articolo del "Piccolo", del 4 novembre 1943, concorda. La cronaca si riferisce al ritrovamento dei corpi nella cava di bauxite di Villa Bassotti a Lindaro: "... tutti i crani sono colpiti dall'arma da fuoco, cinque di essi sono orribilmente fracassati. Gli uccisori non si sono accontentati del colpo alla nuca come nell'eccidio di Katyn, hanno voluto far soffrire le loro vittime, hanno sparato, anziché alla nuca, sulla faccia perché domani, scoprendo il cadavere, non fosse possibile riconoscerlo dai tratti del volto, e a tale scopo lo hanno privato di qualsiasi carta o documento e di ogni abito". Per chi non ne fosse a conoscenza, l'eccidio di Katyn citato nell'articolo si riferisce alla fucilazione in massa, dopo l'invasione sovietica della Polonia, di tutti gli ufficiali polacchi prigionieri ordinata dal Politburo il 5 marzo 1940 in quanto "nemici inveterati e incorreggibili del potere sovietico". Il 13 aprile del 1943 giornali radio e agenzie di stampa tedeschi informarono il mondo che in un bosco vicino a Katyn erano stati trovati i corpi di migliaia di ufficiali polacchi fucilati dalla polizia di Stalin. Grande eco ebbe allora la notizia sul Piccolo che ne seguì gli sviluppi in diversi numeri dell'aprile maggio 1943 e fu una sorta di falsariga per la propaganda antibolscevica nei primi articoli dell'ottobre/novembre sui ritrovamenti nelle foibe.

Ma l'opuscolo ci dice anche – cito integralmente – che "Gli arrestati avevano subíto, prima di morire, un processo. I cosiddetti tribunali popolari giudicarono e anche assolsero: ma assolsero soltanto alcuni italiani che non erano originari del posto. Chi era qui giunto da altre province, venne messo in libertà, fosse pure il più accanito dei fascisti, e fatto partire dall'Istria". Ma se così è stato, domanda lecita è il chiedersi come possano tali fatti essere classificati come "pulizia etnica", come ancora pochi giorni fa autorevolmente è stato affermato[3]. Certo, anche l'opuscolo tira da quella sorta di denuncia di discriminazione la sua conclusione: "Fu un piano preordinato, quindi, non insurrezione di una classe sociale sfruttata, non furore di popolo, non sete di giustizia o di vendetta, a decretare la morte degli istriani in quell'infausto settembre 1943". Una conclusione che, sostituita la parola "istriani" con "italiani" da allora è divenuto il leitmotiv preferito della propaganda.

Ha senso, dunque, aprire qui una parentesi, aggiungendo subito un'osservazione sullo stesso termine "italiano", così come viene utilizzato nei giornali del 1943. In essi "Italiano" e "patriota" sono intesi nella gran parte dei casi quali sinonimi di "fascista" o comunque di "sostenitore degli ideali del fascismo". Del resto, con l'italianizzazione dei cognomi tutti gli istriani appaiono italiani. Mia nonna che si chiamava origina-

---

3 Dal presidente Napolitano in occasione della "Giornata del ricordo".

riamente Jakačić, in alcuni documenti è Giacassi, in altri posteriori Iacacich secondo la grafia veneta. Due degli uccisi ritrovati nella cava di bauxite a Villa Bassotti, i fratelli Ettore e Attilio Marzini di Pedena, prima dell'italianizzazione del cognome erano Marčac.

Forse per meglio capire la questione è utile leggere il breve articolo di giornale, che segue, riferito alla città di Spalato in Dalmazia, territorio assegnato al regno di Jugoslavia, ma ceduto dopo il '41 dal regime di Pavelić al controllo italiano, e pertanto luogo dove non vi fu l'italianizzazione dei cognomi. Così tra l'altro possiamo cogliere che quanto è accaduto in Istria accadde dopo l'8 settembre ovunque nei territori che erano stati governati dall'Italia, con la differenza evidente che nell'immaginario collettivo, le fosse comuni non sanno evocare mistero quanto le foibe. Ed avere anche nel contempo un primo accenno di quella che fu la rappresaglia tedesca che ne seguì.

Il Piccolo, 18 novembre 1943

Tragiche notizie giungono dalla Dalmazia

Oltre 450 vittime a Spalato – Crudeltà inaudite

Fiume, 17

Le nefaste giornate vissute dagli Italiani di Spalato durante la temporanea occupazione delle bande serbo-comuniste resteranno dolorosamente scolpite nella mente di quanti hanno avuto la triste sorte di esserne testimoni oculari.

Integerrime figure di patrioti italiani sono stati barbaramente seviziati ed uccisi. Oltre 450 sono state le vittime cadute nell'eccidio compiuto dai banditi contro cittadini che altra colpa non avevano che quella di essere Italiani. Le notizie che giungono dalla dolorante terra di Dalmazia sono quanto mai angosciose. Oltre all'eccidio dei maestri delle scuole di Spalato e di altri paesi dell'interno della Dalmazia risultano uccisi il conte Silvio de Micheli Vitturi e l'avv. dott. Matteo Mirossevich, commissari comunali alle Castella, nonché il fiduciario del Fascio di Castel San

Giorgio Mario Valich, gli squadristi Vincenzo Bilinich, Bene Radovnicovich, Antonio Biuk, Simeone Segnanovich, Antonio Bonacci, Stefano Zocchich, tale Craglich, i fratelli Vittorio e Michele Fiorentini e tanti e tanti altri. Pure sotto il piombo della furia omicida dei banditi sono caduti vari commissari di P. S. assieme ad un'ottantina di agenti. Tra gli scomparsi figurano anche il dott. Popov, il dott. Matano, il dott. Castellini e il dott. Surge. A Lissa è stato ucciso lo squadrista Petrossich. Il dott. Giuseppe Trzich e la figlia del viceprefetto Lugher che da Zara si recavano a Spalato sono stati anch'essi barbaramente assassinati. Numerosi sono gli Italiani i quali prima di essere uccisi hanno dovuto sottostare a crudeltà inaudite. A taluni sono stati strappati con delle tenaglie roventi gli orecchi, altri rinchiusi in gabbie di ferro sono stati esposti al ludibrio della plebaglia.

A stroncare tale scempio di vite umane sono sopraggiunte le truppe tedesche le quali sono state costrette a combattere aspramente prima di avere ragione dei banditi che s'erano asserragliati a Salona la quale, data la violenza della lotta, è stata completamente distrutta.

I tedeschi non usarono in nessun luogo, come vedremo, mezze misure.

Ritornando all'opuscolo, poiché nei primi anni del dopoguerra il vento era cambiato, e per salvare il salvabile conveniva valorizzare al massimo il fatto di aver avuto in Italia una resistenza popolare al nazifascismo, al contrario della Germania, l'opuscolo afferma: "Arrivati i tedeschi, gli slavi [non istriani] se ne andarono. Cominciò allora l'eroica lotta dei boschi, dove italiani e slavi [istriani] lottarono onestamente assieme contro i nazisti e i neofascisti, finché si giunse al maggio della liberazione".

Ma da qui in avanti nell'opuscolo è altra la storia, perché l'opuscolo palesa lo scopo per cui è stato realizzato, la difesa dell'italianità statuale dell'Istria: "La verità è oggi una sola: il più puro antifascista che non abbracci senza riserve la tesi jugoslava, diventa in queste terre martoriate il più spregevole dei reazionari, nemico del popolo. Diventa, semplicemente, un fascista. E come tale gli spetta la foiba". E l'opuscolo se la prende - cito - con "i paladini della cosiddetta "fratellanza" italo-slava, fra i quali si annidano, spesso con funzioni di comando, i peggiori elementi del fascismo locale, che hanno avuto salva la vita mettendosi al servizio degli occupatori. Non vogliono udire i nostri appelli angosciati. Non hanno tempo da perdere per le nostre sciagure di oggi. Devono pensare a quelle che ci infliggerebbero domani, padroni indisturbati, se l'Istria dovesse venir strappata all'Italia. Perché la tragedia dell'Istria è sempre in quell'oscura parola: FOIBE".

Prima ho fatto il nome di Vladimir Gortan. Due parole in merito. Il nome del Gortan è legato ad un fatto luttuoso che avvenne in Istria a Pisino nel corso delle «elezioni plebiscitarie» del 24 marzo 1929 per il rinnovo del parlamento, un elettore venne mortalmente ferito da una pallottola di fucile. Nell'occasione delle elezioni del 1929, i fascisti inscenarono un vero e proprio plebiscito che doveva dimostrare al mondo la fedeltà della popolazione al regime. Il podestà di Pisino, Bruno Camus, si prodigò in questo senso con speciale fervore. Il 17 marzo radunò presso di sé a Pisino tutti i capivilla ai quali sottolineò con forza che dovevano far venire ai seggi elettorali tutti gli elettori slavi, specialmente quelli di Beram (Vermo) e di Trviž (Villa Treviso). I croati del comune di Pisino non avevano dei buoni ricordi delle elezioni precedenti. Nel 1921 si erano recati in massa alle urne nella convinzionc di potcr votare liberamente, ma ne furono impediti dai fascisti che li espulsero dalla cittadina con bastoni, sassaiole e spari. Nel 1924 i fascisti attesero gli elettori croati fuori dalla cinta cittadina e impedirono loro l'entrata nell'abitato con la minaccia delle pistole e di una mitragliatrice. Solo quelli di Beram e Trviž riuscirono ad avvicinarsi al seggio aggirando il cordone di guardia dei fascisti, ma furono bastonati a sangue ed espulsi prima del voto. I fascisti, ritenendo che questa volta gli elettori croati non si sarebbero presentati, li radunarono con la forza e li incolonnarono verso la cittadina. Le due colonne degli elettori di Beram e di Trviž s'incamminarono e si incontrarono sotto Beram, proseguendo assieme verso Pisino. Improvvisamente vennero sparati alcuni colpi di fucile contro di essi e due elettori vennero feriti e due giorni dopo uno di essi, Tuhtan, morì in seguito alle ferite riportate. Agli spari gli elettori si dettero alla fuga ed il previsto plebiscito non venne portato a termine nel circondario di Pisino. Per quei fatti furono incolpati Vladimir Gortan ed altri quattro giovani contadini. Dopo un aberrante processo il Tribunale speciale di Pola condannò a morte il Gortan. La vittima innocente della campagna elettorale, Tuhtan, venne trasformata in martire fascista, sebbene fosse conosciuto come un esponente croato antifascista e nel 1932 gli venne dedicato un monumento con incise le seguenti parole: «Caduto il 24 marzo 1929 nell'assolvimento del suo dovere di fedele cittadino dell'Italia fascista». Potenza della propaganda.

Veniamo, dunque, ai fatti che ebbero luogo in Istria dopo l'8 settembre 1943, allorché i partigiani jugoslavi presero possesso di parte di quel territorio, abbandonato dai soldati italiani che lo presidiavano. I tedeschi, nei primi giorni che seguirono il crollo della struttura statuale italiana, si limitarono ad occupare le città di Trieste, Pola e Fiume, trascurando per carenza di forze il resto del territorio. Il potere popolare nelle zone controllate dall'esercito di liberazione jugoslavo durò una ventina di giorni, in alcune zone un mese, poi i nazifascisti imposero nuovamente il proprio dominio su tutta la penisola e per niente in maniera indolore. Così infatti si legge sul giornale *Il Piccolo* di Trieste in data 13 ottobre 1943:

I rastrellamenti in Istria

Immense quantità di armi catturate

13 mila ribelli uccisi o fatti prigionieri

Berlino, 12

I grandi successi riportati dalle truppe germaniche in occasione del rastrellamento della penisola istriana e dei territori orientali limitrofi, oltre a pacificare l'intera regione hanno permesso la cattura di immense quantità di armi d'ogni genere. La maggior parte di questo materiale era stato fornito ai ribelli dai depositi militari italiani. In soli quattro giorni sono stati presi 53 cannoni di ogni calibro, 31 pezzi anticarro, 64 lanciabombe, 414 mitragliatrici, più di 19.000 fucili. Il numero dei banditi uccisi o fatti prigionieri supera i 13.000.

Nel suddetto inventario non sono compresi alcuni depositi di armi e munizioni dei quali i ribelli si erano impadroniti senza però avere il tempo di saccheggiarli. Inoltre sono stati catturati numerosi autocarri blindati e altre autoblinde di fabbricazione italiana.

Il giornale riporta un comunicato di Radio Monaco. Un precedente comunicato era relativo alla zona di Trieste e diceva:

Il Piccolo, 8 ottobre 1943

Le operazioni di rastrellamento

3700 banditi uccisi nella regione di Trieste

Berlino, 7

Le operazioni di rastrellamento nella regione di Trieste possono considerarsi ultimate. In cinque giorni le truppe tedesche e i reparti fascisti hanno annientato numerose bande di ribelli. Sono stati contati i corpi di 3700 banditi uccisi. Altri 4900 sono stati catturati. Tra questi ultimi si trovano anche gruppi di ufficiali e di soldati badogliani.

Il bottino delle armi, delle munizioni e di materiali vari è immenso perché i depositi delle bande erano stati riforniti con le giacenze dei magazzini militari italiani.

Comunque si considerino tali cifre, appare evidente che l'ordine ristabilito con l'offensiva "Istrien" costò la vita ad un elevato numero di istriani, la distruzione di interi villaggi e la deportazione di alcune migliaia di istriani, pochi dei quali sono tornati fra i vivi.

Nei giorni caotici che seguirono l'armistizio e l'abbandono delle armi da parte delle truppe italiane, buona parte dell'Istria fu, dunque, interessata da sollevazioni popolari spontanee e scarsamente coordinate, guidate da antifascisti sloveni e croati – ma non mancarono soprattutto nelle cittadine costiere gli italiani – sollevazioni che portarono all'insediamento di organismi provvisori di governo locale. Solo in un secondo momento al movimento popolare di liberazione jugoslavo, con l'arrivo di forze partigiane e quadri del partito comunista croato, riuscì il tentativo di assumere il pieno controllo della situazione politica e militare, seppure per breve tempo.

Un rapporto del servizio informativo partigiano croato, successivo all'offensiva tedesca che spazzò via nell'ottobre 1943 il potere popolare, descrive in maniera eloquente la confusione e l'improvvisazione che caratterizzarono la presa del potere da parte delle unità partigiane dopo l'8 settembre: "Dopo la dichiarazione della capitolazione l'esercito italiano cominciò subito a disgregarsi, i soldati cominciarono a vendere le loro divise e gli accessori e a comprare abiti civili, e i nostri responsabili cominciarono a prendere il potere e a disarmare le unità italiane. Questo processo di disgregazione cominciò a nord e così il 10 settembre il potere fu preso a Pinguente, il 12 settembre a Pisino, il 13 a Parenzo mentre a Pola non fu possibile prendere il potere poiché quando i nostri responsabili arrivarono nelle vicinanze di Pola, i tedeschi erano già arrivati nella notte tra l'11 e il 12 settembre. La colonna tedesca era costituita da circa 100 carri armati. La singola presa del potere non si svolse ovunque in modo uguale. In diversi posti si ebbero negoziati con le autorità militari italiane sulla consegna delle armi o di una parte di esse alle unità partigiane e su ciò furono firmati alcuni accordi (Pisino, Gimino, ecc.). La gente stessa intervenne e allora l'esercito, senza tener conto degli accordi formali, consegnò le armi e si dileguò, cosicché il comando stesso delle unità italiane dovette abbandonare l'Istria. Sono state requisite grandi quantità di armi e di materiale bellico, di cibo, di sigarette, ecc. La presa del potere e del materiale avvenne in modo innanzitutto improvvisato, tramite persone che agirono di loro iniziativa e nei luoghi da loro indicati; queste persone non erano sempre all'altezza del loro compito né degne di fiducia. Il popolo si mobilitò e prese le armi spontaneamente ma non era il caso di parlare di una guida organizzata delle unità militari e del comando militare. Il gruppo di comando che era arrivato dalla Jugoslavia giunse con ritardo. Ho sentito inoltre delle critiche sull'impreparazione di numerosi membri inferiori di quel gruppo, ma non ho potuto notare casi concreti e rilevanti (...)".

Solo nelle zone di Gimino e di Parenzo l'epurazione dei "nemici del popolo" fu maggiormente efficace secondo il rapporto: "Qui non furono nemmeno istituiti i campi di concentramento e i nemici del popolo venivano in genere puniti esclusivamente con la pena capitale".

L'autore del testo[4] è Zvonko Babić, che, allora capitano, fu inviato in Istria nell'ottobre 1943 dal Centro informativo regionale per il litorale croato e l'Istria, organo del Movimento di liberazione croato, col compito di esaminare la situazione politica e per organizzare il servizio informazioni.

La presa del potere comunque non fu incruenta. Ha scritto in proposito Giacomo Scotti: "I primi conflitti a fuoco nella penisola istriana avvennero contro due colonne tedesche: una scendeva da Trieste verso Parenzo e Rovigno lungo la costa occidentale con l'intento di raggiungere Pola (dove riuscì infatti ad arrivare); un'altra, partita da Pola, cercava di salire lungo la costa orientale. I primi caduti fra gli insorti, purtroppo numerosi, furono italiani e croati, massacrati nei pressi di Tizzano, a nord di Parenzo, poi presso il Canale di Leme a nord di Rovigno e infine sulla strada che da Dignano porta a Pola. Gli scontri con la seconda colonna, che invece fu respinta, si ebbero sulla strada tra Arsia e Piedalbona ed a Berdo presso Vines sempre nell'Albonese. Si trattava di distaccamenti della 71ma Divisione germanica, circa 300 uomini. Presso Tizzano i caduti fra gli insorti furono ben 84, dei quali pochi uccisi in battaglia, tutti gli altri trucidati dopo la cattura. Fra i massacrati ci furono alcuni soldati "regnicoli" [italiani che non si erano uniti alla R.S.I.], tutti gli altri erano giovani croati e italiani del Parentino. Tutti italiani furono invece i 16 caduti rovignesi che tentarono di fermare la colonna dapprima sul Leme e poi nei pressi di Dignano. In gran parte italiani, infine, furono i 43 caduti nelle file degli insorti che, al

---

[4] Il rapporto è stato pubblicato sulla rivista "Vjesnik", XXVI (1983). Per il testo qui citato è stata seguita la traduzione pubblicata nel libro di Raoul Pupo e Roberto Spazzali "Foibe", Bruno Mondadori, Milano 2003.

comando di Aldo Negri, si opposero alla colonna tedesca presso Arsia e Vines nella zona di Albona."[5]

Fu, dunque, nel caos di quei giorni che si consumarono casi di giustizia sommaria fatta da partigiani nei confronti di esponenti del regime fascista o di quanti erano ritenuti conniventi col regime o in qualche modo rappresentavano quello stato italiano che aveva occupato, dopo la sconfitta dell'Austria Ungheria nella Grande Guerra, quei territori facendosi odiare per l'esasperato fiscalismo e per le prevaricazioni nazionalistiche e poliziesche. Fra gli arrestati vi furono anche persone indicate come responsabili di collaborazionismo con l'occupatore tedesco per aver guidato, o in altro modo aiutato, le due colonne germaniche nella loro marcia e nel corso degli scontri. "Sullo sfondo di questa tragedia – ha scritto Roberto Spazzali[6] – si agitano antiche rivalità, dissapori personali, radici di oppressioni e sopraffazioni che esplodono tutte insieme, ma non bisogna perdere di vista che il giustizialismo sommario ed i regolamenti di conti accompagnano, non casualmente, il progetto politico di mutamento della sovranità statale sull'Istria che, in quel momento, doveva passare anche attraverso un mutamento degli equilibri sociali e nazionali e con l'eliminazione di ogni elemento di ostacolo o, in qualche misura, rappresentativo". Spazzali concorda così con il citato opuscolo. Tuttavia, è difficile immaginare che in quei primi giorni di settembre 1943 vi fosse la consapevolezza in quanti insorsero, di contribuire con le loro azioni ad un progetto, che si consolidò solo nei mesi successivi e dopo che il tallone delle truppe tedesche, nella loro marcia di riconquista del territorio, aveva già schiacciato ogni velleità di liberazione nelle popolazioni istriane.

---

[5] Cfr. Giacomo Scotti, "Foibe e fobie", nel supplemento al numero 2/1997 del mensile "Il ponte della Lombardia".

[6] Cfr. Roberto Spazzali, "Le foibe, una tragedia istriana", in "Atti del corso di aggiornamento per insegnanti (Trieste, 11 novembre - 17 dicembre 1998) «Storia del '900 nell'area dell'Adriatico orientale»", a cura dei Dalmati Italiani nel Mondo Libero Comune di Zara in Esilio - Delegazione di Trieste.

I proclami partigiani che decretavano la volontà dell'Istria di essere annessa alla madrepatria croata hanno avuto sicuramente un loro peso politico, ma successivamente, portando il Movimento popolare di liberazione jugoslavo a ritenere l'annessione un dato consolidato da difendere con le armi e la diplomazia. Il fatto che nelle decisioni, che confermavano lo storico atto del 13 settembre riguardante il distacco dell'Istria dall'Italia e la sua unione alla madrepatria Croazia e Jugoslavia, decisioni prese a Pisino il 26 settembre 1943 dai rappresentanti istriani che costituirono il Comitato popolare di liberazione dell'Istria, si dichiarasse, oltre la conferma dell'annessione dell'Istria alla Croazia, tra le altre cose anche l'espulsione di tutti gli italiani immigrati nella penisola dopo il 1918, denota l'immediata reazione di voler cancellare da subito alcuni dei segni più macroscopici e tangibili e la personalizzazione della dominazione fascista, di ritornare insomma alla situazione precedente il disatteso trattato di Rapallo, trattato che fu sottoscritto nel novembre del 1920 tra il regno d'Italia e quello dei Serbi, Croati, Sloveni. Nelle intenzioni dei suoi negoziatori, italiani e jugoslavi, avrebbe dovuto porre le premesse per una reciproca amicizia e collaborazione fra i due stati. Così invece non fu e ben presto la politica estera del fascismo si incamminò lungo la via dell'egemonia adriatica e del revisionismo, assumendo crescenti connotati anti-jugoslavi.

Il regime di Mussolini in quelle terre come altrove, si era impegnato a fondo, anche per via legislativa, nella snazionalizzazione di tutte le minoranze nazionali. Le scuole furono tutte italianizzate e gli insegnanti in gran parte pensionati, trasferiti all'interno del regno, licenziati o costretti ad emigrare, e sostituiti con maestri fatti arrivare dall'Italia. Furono posti limiti all'accesso di sloveni e croati al pubblico impiego, proibito l'uso pubblico delle lingue slave ed italianizzati toponimi e cognomi. Fu promossa l'emigrazione degli autoctoni nelle colonie italiane oltremare e nel contempo avviati programmi di colonizzazione agricola del territorio istriano da parte di elementi italiani. Le difficoltà economiche e la pesantezza del clima politico favorirono fra le due guerre un robusto flusso migratorio da tutta la Venezia Giulia, che tra l'altro coinvolse anche elementi italiani: secondo stime jugoslave emigrarono complessivamente 105.000 sloveni e croati, benestanti, studenti, intellettuali. Si fece di tutto, insomma, anche attraverso mirati provvedimenti economici, per eliminare gli strati superiori della società slovena e croata "in modo da renderla conforme allo stereotipo dello slavo incolto e campagnolo, ritenuto facilmente assimilabile dalla superiore civiltà italiana". La politica di "bonifica etnica" avviata dal fascismo risultò particolarmente pesante, anche perché alle misure totalitarie e repressive del regime si accompagnava un'intolleranza nazionale, talora segnata da vero e proprio razzismo.

Al proclama del comitato popolare di liberazione di Pisino del 13 settembre seguì la proclamazione da parte del consiglio territoriale antifascista di liberazione nazionale della Croazia, lo ZAVNOH [ZEMALJSKO ANTIFAŠISTIČKO VIJEĆE NARODNOG OSLOBOĐENJA HRVATSKE], il 20 settembre ad Otočac, dell'annessione alla Croazia di tutti i territori ceduti all'Italia, l'Istria, Fiume e Zara, e la Dalmazia occupata dall'Italia nel 1941. Tale decreto, assieme all'analoga decisione del 16 settembre, presa dal Fronte di liberazione nazionale della Slovenia, riguardante l'annessione del litorale sloveno, di Trieste e Gorizia, furono ratificati il 30 novembre a Jajce dall'AVNOJ [ANTIFAŠISTIČKO VIJEĆE NARODNOG OSLOBOĐENJA JUGOSLAVIJE], l'organo supremo del Movimento di liberazione jugoslavo. Del resto la scarsa consapevolezza popolare dei possibili significati politici di tali decisioni è evidenziata nel rapporto informativo citato in precedenza. Scrive il capitano Zvonko Babić: "Durante l'esercizio del nostro potere in Istria, l'attività politica dei NOV (I Comitati popolari di liberazione) fu poco incisiva poiché la gente non aveva capito bene la funzione di questi comitati. Il popolo considerava la liberazione dell'Istria cosa definitiva e non era preparato né politicamente né moralmente per ulteriori imminenti lotte. La lotta contro i nemici del popolo fu condotta in modo disuguale essendo in alcune zone del tutto insufficiente mentre in altre zone era radicale. È caratteristico a questo proposito il fatto che in alcuni posti i comandi locali riferivano che prigionieri furono eliminati anche se ciò non corrispondeva al vero. Era evidente la scarsa capacità di riconoscere i veri nemici del popolo come anche la mancanza di dati riguardo i loro delitti, cose che ora si pagano immancabilmente."

Cosa fu proclamato a Pisino: il testo del "Proclama agli Istriani" che fu emesso a Pisino il 13 settembre 1943 dal Comando di Operazione N.O.V.H. per l'Istria:

> Seguendo l'esempio dei vostri fratelli nella Croazia e in tutta la Jugoslavia anche voi Istriani, soli con la vostra propria forza, combattete per la liberazione della vostra terra natia. Grandi sono i successi che avete finora ottenuto. Con la vostra volontà l'Istria è annessa alla Croazia.
>
> Tuttavia non dimenticate che la lotta non è ancora finita. Il nostro nemico germanico non è ancora battuto. Nell'Istria egli può ancora saccheggiare, devastare e strapparci la libertà raggiunta. Parti dell'Istria sono ancora sempre nelle sue mani. I fascisti italiani ancora sempre si appoggiano ai tedeschi. Essi insistono per cacciarci il coltello nella schiena.
>
> Perciò è necessario combattere! Combattere possiamo, soltanto se siamo uniti e militarmente organizzati. Tutti senza distinzione di fede politica e condizione sociale, dobbiamo strettamente unirci in un unico fronte nazionale di liberazione, creare in tutti i luoghi e villaggi Comitati nazionali di liberazione e raccoglierci attorno l'unica rappresentanza politica della nostra nazione, il Consiglio provinciale antifascista di liberazione nazionale della Croazia (ZAVNOH).
>
> Per poter opporre al nemico la massima resistenza, liberare completamente l'Istria e unire il popolo istriano agli altri fratelli croati e jugoslavi, è necessario creare forti e bene organizzate unità dell'armata nazionale di liberazione.

Lo Stato Maggiore dell'armata nazionale di liberazione della Croazia, allo scopo di aiutare l'Istria a creare la sua armata, ha installato sul territorio dell'Istria croata il Comando di operazioni per l'Istria, il quale ha il compito di organizzare l'armata nazionale di liberazione dell'Istria. Lo Stato Maggiore ha inviato anche il numero occorrente di dirigenti politici e militari, i quali lottano già da due anni contro lo stesso nemico e i quali vi saranno d'aiuto. Abbiate fiducia in essi, avendo essi ottenuto grandi successi nella lotta per la libertà del nostro popolo.

Istriani: la riscossa nazionale in Istria ha dato già le prime squadre e battaglioni. È stata istituita la prima brigata istriana che porta il nome del vostro eroe e martire nazionale Vladimir Gortan. Già si creano la seconda brigata istriana e i Comitati direttivi dei partigiani. Il nemico già si sfascia. I fratelli dell'armata rossa gli infliggono colpi mortali. I nostri alleati Inghilterra e America anch'essi lo colpiscono gravemente.

Noi vinceremo, noi dobbiamo vincere. Istriani: entrate tutti nell'armata nazionale di liberazione! L'Istria non sarà mai più italiana! - Gloria a Vladimir Gortan e a tutti i martiri caduti per la libertà dell'Istria! - Viva l'Istria libera e croata! - Viva l'armata nazionale di liberazione e i reparti partigiani della Jugoslavia! - Viva il ZAVNOH! - Viva la prima brigata istriana Vladimir Gortan! - Viva il Comandante in capo N.O.V. e P.O.J. compagno Tito! - Viva l'amica Russia! - Viva i nostri alleati Inghilterra e America! - Avanti nella lotta per l'Istria libera! - Morte al fascismo. Libertà al popolo!

Quello che segue è il documento che fissa le decisioni prese a Pisino il 26 settembre 1943 dai rappresentanti dell'Istria ivi convenuti:

I rappresentanti dell'Istria rinata, riuniti per la prima volta dopo 25 anni di lavoro nella libera Pisino, interpretando la volontà del popolo istriano, rendono onore a tutti i Caduti per la libertà dell'Istria e ringraziano il N.O.V. della Croazia per l'aiuto prestato.

Salutano con entusiasmo lo storico atto del 13 settembre 1943 riguardante il distacco dell'Istria dall'Italia e la sua unione alla madrepatria Croazia e Jugoslavia.

Prendono le seguenti unanimi decisioni:

1. Sono abolite tutte quelle leggi italiane fasciste le quali, sia politiche che economico-sociali, avevano per scopo la snazionalizzazione e lo sterminio del nostro popolo.

2. Tutti gli italiani, venuti dopo il 1918 in Istria allo scopo di snazionalizzare e impoverire il nostro popolo, verranno restituiti all'Italia. In singoli casi deciderà un'apposita Commissione.

3. La minoranza italiana in Istria godrà di tutti i diritti nazionali (libertà di lingua, scuola, stampa e libertà di sviluppo culturale).

4. Tutti i nomi forzatamente italianizzati, i nomi delle città, dei villaggi, delle vie e in generale tutte le denominazioni e iscrizioni forzatamente italianizzate verranno sostituiti dai vecchi nomi croati.

5. La lingua nelle chiese sarà croata, alla minoranza italiana si riconosce il diritto di usare la propria lingua.

6. Le scuole croate verranno aperte nel minor tempo possibile.

7. Tutti gli istriani sono chiamati a rispondere alla chiamata di mobilitazione nel N.O.V. nonché ad aderire subito alla raccolta dei mezzi per la nostra armata nazionale.

8. Il ZAVNOH ha istituito un prestito per l'assistenza ai danneggiati nella lotta di liberazione nazionale: si invitano tutti gli istriani a sottoscrivere ognuno, secondo le sue possibilità, tale prestito di liberazione nazionale.

9. È stato eletto il Comitato provinciale esecutivo provvisorio di liberazione nazionale quale unica vera rappresentanza politica del popolo istriano, con l'intento di condurre nella lotta tutto il popolo istriano, fino alla sua completa liberazione.

I rappresentanti nazionali hanno indirizzato dall'Assemblea il loro saluto all'unica vera rappresentanza del popolo croato, il ZA-

VNOH, e al Comandante in capo N.O.V. della Jugoslavia compagno Tito.

Morte al fascismo e Libertà al popolo!

Nella libera Pisino, in data 26 settembre 1943.

Nel libro “Quel terribile settembre 1943, un capitolo tragico della storia di Pisino”, Nerina Feresini scrive: “Si sapeva dell'esistenza di forze nemiche chiamate ribelli che agivano e si organizzavano nella campagna e che durante l'estate del 1943 si concentrarono nella nostra provincia”. La Feresini usa un termine tutto sommato che si può definire non offensivo o riduttivo. I ribelli, i partigiani normalmente erano etichettati dall'informazione come banditi o briganti. Alcuni fatti in precedenza avevano mostrato la loro presenza: nell'aprile '41 un giovane fascista di Pola inviato dal federale della provincia a portar ordini a Pisino fu ucciso di notte nei Drasei; due ribelli furono uccisi nella campagna di Lanischie. Nel luglio 1942 nella valle di Novacco a pochi chilometri da Pisino deragliò il treno, una donna perse la vita. Ma fu un evento straordinario tanto che la Feresini scrive: “I cittadini incuriositi e sorpresi si portarono sul posto per constatare la realtà di un avvenimento così eccezionale”. Lo stesso attentato fu ripetuto nel luglio 1943 sulla linea ferroviaria Zabroni-Roveria col deragliamento della littorina. Attentati che in tempi successivi e fino al maggio 1945 furono quasi quotidiani sulla linea Trieste-Pola.

Inoltre aggiunge la Feresini, “Si parlava di forzati reclutamenti di contadini costretti a vivere alla macchia”. E riporta di uno scontro avvenuto a Bogliuno nell'aprile del '43 tra un partigiano, disertore dell'esercito italiano, che arringava la gente nell'osteria del paese e il pisinotto “italiano”, nel senso detto, Francesco Nizzan. Intervennero i carabinieri che uccisero l'italiano partigiano. Furono chiamati da tal Aurelia Suplina, che poi fu infoibata.

“La caduta del fascismo – dice la Feresini – colse tutti di sorpresa. I rari [sic] antifascisti esultarono e gli slavi, imbaldanziti, cominciarono a poco a poco a dar segni di insubordinazione [sic], arrivando a provocare per la strada il capitano dei carabinieri". Ed ancora, sempre la Feresini: "Il 5 agosto, festa della Madonna della Neve, i contadini scesero in città, insultando e provocando con i loro canti i pisinotti lungo il viale e in piazza Garibaldi". Con un ovvio seguito di scontri. Durante l'estate, dice la Feresini, "i contadini avevano interrotto i normali contatti con la città". Alcune famiglie si erano rifugiate a Pisino per motivi dichiarati di sicurezza personale, ma "forse – per la Feresini – non erano che i fili di una congiura per mantenere i collegamenti con i ribelli ai quali venivano comunicate notizie utili, in quanto si erano licenziate le donne di servizio provenienti dal contado e occupate presso famiglie della città".

Arriva l'8 settembre. La notizia dell'armistizio spiazza gli "italiani" pisinotti. "Ci fu invece – dice con costernazione la Feresini – tra i soldati chi l'accolse con gioia e la salutò con grida di esultanza e canti buttando in aria i berretti, applauditi da non meno incoscienti ufficiali: pensavano di poter tornare alle loro case, non cogliendo l'insidia che si nascondeva nella nuova situazione. Nelle casermette la confusione era indescrivibile. I militari scaraventavano dalle finestre i materassi e tutto quello che capitava loro sottomano. Lo stesso accadeva in casa Camus, dove i soldati che vi erano alloggiati aggiunsero al lancio delle masserizie anche quello dei viveri". La cittadinanza fascista comprese che non sarebbe stata tutelata nonostante che il presidio territoriale comandato dal colonnello Scrufari disponesse di 800 uomini armati ed equipaggiati ai quali si aggiungevano una sessantina di carabinieri armati di mitra.

Il 9 settembre cominciarono ad arrivare i primi soldati in fuga da Pola e dalla Croazia, un flusso che continuò ad aumentare col passare delle ore: un esercito in fuga con ogni mezzo camion stracarichi, auto piene di ufficiali, motociclette ed un gran numero di soldati a piedi, laceri e sfiniti, con l'ansia di togliersi la divisa e di cercar di raggiungere al più presto Trieste per poi continuare la fuga verso casa. Quel giorno giunse anche la notizia che i tedeschi avevano occupato Trieste e Pola e nella notte qualcuno tra le persone più in vista tentò la fuga a piedi attraverso la campagna ormai in mano ai ribelli, circa 300 uomini accampati alle porte di Pisino.

Vediamo come è stata raccontata la presa di Pisino dal *Piccolo* di Trieste, l'articolo è del 15 ottobre 1943:

> I lutti e le rovine di Pisino, la cittadina dell'Istria più duramente provata dal recente infausto periodo, hanno origine dalle parole pronunciate da un colonnello dell'Esercito italiano, il comandante di quel Presidio militare, Scrufari, alle ore 15 del giorno 11 dello scorso settembre, nella sede del suo Comando. Egli, dopo aver altezzosamente respinto la proposta di alcuni generosi cittadini – molti dei quali oggi mancano all'appello – che gli chiedevano di collaborare con i soldati nella facile difesa della città da un branco di gente disarmata o malamente armata con sciabole e vecchi fucili, numericamente irrilevanti; dopo essersi rifiutato di armare, minacciando addirittura di farli arrestare, coloro che si impegnavano a mantenere da soli l'ordine e la sicurezza; dopo aver detto che un ufficiale della sua tempra non conosceva la via del disonore e del compromesso, ma si assumeva in pieno e in esclusiva la propria responsabilità, consegnò la propria rivoltella a un tumultuante che assieme ad altri due compari era venuto a parlamentare a nome di quelle «forze» che per occupare Pisino avevano bisogno delle armi di coloro che avrebbero dovuto impedirne l'entrata!

I generosi cittadini dell'articolo erano esponenti del fascio locale, Lino Gherbetti, vice segretario del fascio, Riccardo e Rodolfo Zappetti, Silvio Ghersetti, Ernesto Corazzato. Così continua l'articolo:

> Ufficiali furono disarmati allora per le vie da domestiche passate al servizio dei banditi – ciò che non risulta esser successo in alcun altro luogo d'Italia – e sulle armi abbandonate dai soldati per ordine del colonnello, si buttò come un branco di lupi affamati la gente che i rappresentanti dell'anarchia avevano affrettatamente

raccolta nei campi e in paese con lusinghe e più ancora con minacce. La teppa ebbe così il potere: piantò una bandiera rossa sul Municipio e sul campanile del Duomo che mai avevano dato al vento altro vessillo del tricolore italiano, cambiò i funzionari con elementi di sua fiducia o altri costretti a collaborare, iniziò il tragico gioco di un governo che si dichiarò «liberatore ed apportatore di civiltà», come se alla tragedia fosse stato di buon gusto aggiungere una nota comica.

È necessario a questo punto richiamarsi a una leggenda che ebbe gran credito ma che i fatti smentirono in pieno: la storiella della generosità, del buon cuore, degli onesti propositi dei banditi che approfittarono delle tristi vicende nazionali del settembre per venire a galla, dandosi l'aria di uomini di politica e d'armi. Gli episodi che vi narreremo, appresi dalla viva voce di chi duramente sofferse o fu testimone impaurito e impotente di soprusi e delitti, non ammettono dubbi o attenuanti.

Nel corso delle incredibilmente lunghe trattative tra il colonnello e i rappresentanti degli analfabeti, fu presentata una lista di otto nomi di persone ritenute, per nobiltà di sentimenti e fermezza di propositi, capaci di «compromettere la situazione». Il colonnello, preoccupato di salvare la propria pelle, non indugiò un attimo nel dare l'ordine di cercarli e di arrestarli. Cinque di essi erano presenti a Pisino, e tutti e cinque furono imprigionati, né alcuno si preoccupò di liberarli quando, precipitata la situazione, fu pattuita la resa. Essi furono le prime vittime fra i cittadini pisinesi, fucilati dopo giorni di sofferenze e di terrore.

Come nelle altre cittadine dell'Istria, anche a Pisino fu data a questa occupazione brigantesca una parvenza di legalità che portò alla disorganizzazione completa dei vari servizi, specialmente nel campo dell'alimentazione, col sostituire le carte annonarie con un numero illimitato di buoni-viveri, che ai favoriti davano diritto al prelievo gratuito della merce presso un qualsiasi negozio. Fu sequestrato tutto il cuoio, furono vuotate le farmacie, bloccati gli uffici della Cassa di risparmio, requisiti gli automezzi di ogni genere. E furono soprattutto arrestati i cittadini più in vista.

I prigionieri vennero custoditi nella caserma che era appartenuta ai carabinieri; poi condotti nelle carceri vuotate dei delinquenti comuni che divennero guardiani dei nuovi detenuti innocenti; e infine rinchiusi nel castello medioevale che si erge con la sua mole severa sull'orlo della Foiba. Il numero delle presenze, che oscillò sempre per nuovi arrivi e continue partenze di quelli che venivano trasferiti in altre località o portati alla fucilazione, raggiunse un giorno le 217 unità; erano comprese 19 donne, delle quali una, da Rovigno, aveva dovuto portare in carcere il suo bambino di 5 mesi. Un'altra donna era stata tolta alla famiglia, in campagna, per aver chiamato senza alcuna intenzione offensiva, ma per semplice ignoranza, «pantigani», i filibustieri che amavano essere chiamati partigiani. (...)

La gran parte dei detenuti a Pisino fu liberata, al loro arrivo, dai tedeschi. Non ebbero la stessa fortuna i parentini che furono condotti a Vines [Vinež], li giustiziati e gettati nella foiba, e quanti pisinotti o del circondario furono giustiziati e sepolti nella cava di bauxite di Lindaro.

Ma anche altro accadde in quei giorni di settembre a Pisino, e la propaganda dei giornali non lo riporta. Ad esempio, nella notte fra il 12 e 13 settembre una formazione partigiana del posto bloccò alla stazione ferroviaria un treno carico di oltre quattrocento marinai italiani che i tedeschi stavano deportando in Germania. I marinai furono liberati e, aiutati dalla popolazione, si diressero con mezzi di fortuna verso Trieste e l'Italia. Una cinquantina di essi si unirono alle formazioni antifasciste istriane. Altri due treni erano stati fermati in precedenza prima di arrivare a Pisino.

E veniamo alla repressione tedesca che ne seguì. Le cifre diramate da Radio Monaco le ho dette. In un rapporto segreto sui fatti accaduti in Istria nel settembre-ottobre 1943, proveniente dagli archivi dello Stato indipendente di Croazia, creato dal Poglavnik Ante Pavelić con l'aiuto di Mussolini e di Hitler, rapporto redatto dal prof. Nikola Žic il 28 gennaio 1944 per conto dei servizi di informazione del Ministero degli Esteri dello Stato croato, si afferma: "Stando a quanto si è saputo in seguito, i fascisti istriani avrebbero informato i tedeschi che nella sola Pisino si trovavano 100 mila partigiani; in verità ce n'erano forse in tutto un paio di centinaia. A questo punto il Comando germanico ha deciso di rastrellare l'Istria inviando nella regione alcune divisioni SS corazzate". Le responsabilità dei collaborazionisti fascisti nella sanguinosa rappresaglia delle SS furono enormi: a parte la gonfiatura propagandistica delle cifre, il numero delle vittime fu altissimo e buona parte di esse furono civili inermi.

Ma vediamo come la stampa raccontò gli effetti di quel rastrellamento:

Il Piccolo, 8 ottobre 1943

Dove sono passati i ribelli

Rapido giro in Istria dopo le tragiche giornate di anarchia

(Nostro servizio particolare)

Se la macchina che ci ha portati ieri in Istria, per un lungo giro nella zona liberata, non avesse dovuto rallentare la sua corsa giungendo ai vari ponti fatti saltare dai banditi in fuga e subito riattivati dai soldati tedeschi, invano avremmo cercato, lungo la strada che, superata Capodistria, attraversa Buie e Visinada per allacciarsi a Parenzo, un segno che dicesse delle tristi giornate vissute dagli Istriani nel breve infausto periodo che sta fortunatamente per chiudersi in tutta la provincia. La gente è tornata ai suoi campi, ha ripreso la vanga o vendemmia l'uva che troppo ha atteso sulle viti abbandonate; dai casolari disseminati lungo la Via Flavia volti sereni si affacciano e salutano, alcuni bimbi giocano vivaci.

Segni di pace

Le colonne tedesche hanno attraversato giorni fa questa zona e la tranquillità è tornata come per incanto. Nelle borgate lontane, alte sulla sommità dei colli, sulle case isolate lungo la via, in ogni posto ove la popolazione, fuggiti i briganti, ha atteso con fiducia i soldati tedeschi, sventola la bandiera bianca, segno, più che di resa, di pace. E oggi questa pace è sicura.

Ma se tale è il volto che l'Istria presenta a chi ne percorre la zona occidentale, si da far pensare che la parentesi del banditismo non abbia lasciato tracce delle sue funeste scorribande, a interrogare invece la povera gente spogliata dei pochi suoi beni, ad entrare nelle case ove ancora si è in pena per la sorte di un uomo portato lontano e che più non ha fatto ritorno, allora il cuore è preso da una profonda amarezza, e netto si presenta alla nostra mente il quadro della situazione istriana.

Quanto sono durati i disordini? Due settimane, tre in alcuni posti. E quanto male è stato fatto! quanti lutti, quante ricchezze distrutte, quanti focolari spenti, oggi, nell'Istria, molti senza più speranza di riaccendersi se non in un giorno lontano. Perché la realtà è grave, più grave di quanto non sospettino specialmente coloro che hanno voluto vedere dei patrioti e dei galantuomini in un'accozzaglia di gente che ha impugnato una bandiera slava o rossa, non operando in realtà né per l'una né per l'altra, se non per abbietta bramosia di rapine e di sangue, senza una idea da difendere o da combattere, senza una fede, senza un programma: volgari delinquenti che hanno trovato le armi di un esercito che tristi vicende nazionali ha disperso anche là dove avrebbe potuto saldamente tenere il suo posto in attesa di una luce chiarificatrice, ed hanno volto, queste armi, contro gli inermi, instaurando un regime che nel suo breve durare ebbe a sua legge soltanto la mancanza di ogni legge.

Fra gli abitanti di Buie

Ascoltiamo gli abitanti di Buie, dove oggi le case hanno il tricolore alle finestre e la vita sta riprendendo il suo corso normale. Passato il male, esso sembra minore, nei suoi danni materiali, ma lo spavento per le perquisizioni operate con sistemi brutali, ma il ricordo degli interrogatori in cui un'unica accusa fu mossa senza voler sentir difesa: l'italianità, ma l'ossessione di non conoscere il proprio destino stando rinchiusi in un locale senza luce o sorvegliati nella propria casa, questi spaventi, questi ricordi oscuri, queste ossessioni rimangono impresse negli animi anche dei più forti. Quante volte non sono stati svegliati, la notte, i cittadini di Buie, da spari o da colpi improvvisi alle porte delle case, e bisognava aprire ed accogliere senza fiatare ogni richiesta, e lasciare che ti portassero via la roba sotto gli occhi, o cercassero dappertutto armi che non c'erano; e c'era invece il tuo risparmio o un po' di biancheria di cui nessun manifesto ordinava la consegna, ma che da quel momento cessava d'esser roba tua.

E quei bigliettini bianchi col timbro della stella rossa ed un nome scritto a matita? Buoni-viveri. Così è andata distrutta l'organizzazione dei servizi annonari, i negozi sono stati svuotati, esaurite le scorte.

Lungo tutta la costa, fino a Parenzo, gli abitanti non fanno più altro che grano. Fanno farina, ma non c'è lievito per il pane. Scarsa è ormai la carne, mancano il riso, lo zucchero, l'olio, la pasta e gli altri generi e la terra è avara dei suoi prodotti. Nei giorni dell'anarchia la paura degli atti di violenza fu spesso superata dalla paura della fame. Ma ormai, poste sotto la protezione germanica, le popolazioni attendono con fiducia quelle misure che il Comando alleato va concretando per renderle tranquille su questo delicato problema.

Un miracoloso intervento

A Buie, gli uomini che erano sotto sorveglianza avrebbero dovuto essere trasportati a Pisino, uno dei centri di raccolta delle vittime; poi giunse invece l'ordine – un pezzo di carta senza alcuna indicazione a stampa, con poche parole e la firma di uno dei caporioni – di fucilarli sul posto. Ma prima che il delitto fosse compiuto (mancavano quattro ore all'esecuzione), la zona intorno alla città rintronò, come per miracolo, di scoppi, e nel cielo apparvero degli aerei. Quante vite salvò quell'intervento? Dalla città fuggirono dandosi ai campi, i razziatori che avevano tenuto il potere con tanta alterigia camuffandosi addirittura, nella loro insolenza, da protettori del popolo contro... lo sterminio tedesco.

Ed ecco, dopo Buie, un paese di agricoltori, Visinada, dove furono tolti alle famiglie e portati lontano quattro fascisti, tra essi un nobile patriota di 73 anni, e prelevati alcuni ragazzi quindicenni, per far servizio coi briganti. Al Municipio, tutti i documenti furono bruciati; così andarono perdute le denuncie del bestiame e dei prodotti, rendendo nulla l'onerosa fatica organizzativa degli ammassi.

A Visignano la popolazione accoglie con manifesta cordialità i soldati tedeschi, e il Podestà, vecchio combattente di ogni santa battaglia per l'italianità delle nostre terre, narra come la popolazione abbia saputo superare con disciplina e con calma le avverse vicende.

Dura sorte di Pisino

Parenzo, con l'incanto del suo mare, ha ripreso l'aspetto di cittadina tranquilla; ma viva è la preoccupazione per il problema del rifornimento dei viveri pressoché esauriti, e viva soprattutto è l'ansia per la sorte di oltre 50 Italiani portati via dalla città. Tutti sperano siano salvi a Pisino. Là apprendemmo invece, più tardi, che prima dell'arrivo delle truppe germaniche erano stati trasportati altrove. Quale è stato il destino, o, se esso non s'è ancora compiuto, come ardentemente speriamo, quale sorte attende questi nostri sventurati fratelli caduti in mano della teppaglia?

Sono questi i dolori più grandi che in queste tragiche settimane si sono abbattuti sull'Istria, che vede colpiti i suoi figli più puri, la parte migliore del suo spirito antico e fiero. Ma più grave ancora è stata la sorte di Pisino.

Destinata, per la sua posizione geografica, ad essere il centro di raccolta e di manovra dei banditi, ha vissuto le giornate più tragiche; ha visto morire figli generosi trucidati dalla canaglia imperante. E infine, all'arrivo dei reparti germanici, dure misure sono state provocate da un tentativo di forte resistenza, che è stato stroncato con ferma decisione.

Alla popolazione civile il comando tedesco rivolge ora tutte le sue cure per alleviare le sofferenze ed aiutare i cittadini a superare questa prova non meritata, che il banditismo ha provocato con i suoi criminali piani di una folle resistenza ai saldi reparti germanici, con la sua condotta contraria a ogni legge e a ogni diritto, con le violenze e i saccheggi, con ogni sorta di inqualificabili arbitrii. Ma ciò sarà argomento di un secondo articolo quando, tornati sul posto, avremo potuto raccogliere le testimonianze di coloro che hanno duramente sofferto.

Il 6 novembre *Il Piccolo* pubblicava un Manifesto agli Istriani del Comando germanico che riassumeva l'azione di rastrellamento e rappresaglia delle SS:

Pola, 5

Il Comando germanico dell'Istria ha pubblicato il seguente manifesto:

«Istriani, sotto la dominazione e per il tradimento dell'Armata di Badoglio e di Vittorio Emanuele i banditi sono riusciti a terrorizzare vaste regioni istriane. Voi avete sul vostro proprio corpo provato ciò che significa «vivere all'ombra della libertà di Mosca». Questa libertà consistette nella rapina del grano e dei generi alimentari, nel saccheggio dei vostri beni, nell'abbattimento del vostro bestiame, nella limitazione delle vostre abitudini quotidiane e della vostra stessa vita familiare. Con vero sistema bolscevico vi hanno tagliato fuori dal mondo esterno per truffarvi dei vostri salari e di ogni vostra possibilità di vita. Ai minatori delle miniere non sono stati pagati nemmeno i salari. Questo fatto e le repubbliche sovietiche instaurate nel vostro Paese sono la miglior prova della meta precipua dei banditi, cioè quella di consegnare voi e la vostra Patria incondizionatamente al bolscevismo. I soldati del Reich germanico sono venuti in questa terra per liberarvi dai traditori bolscevichi: non sono giunti, come cercavano di dare ad intendere i banditi, per «sacrificarvi per una causa pazzesca e perduta», oppure per «scacciarvi dalla vostra Patria», bensì per conservarvi la Patria e le vostre proprietà».

«In soli pochi giorni le autorità germaniche hanno ripulito la zona di operazioni del Litorale adriatico dalle bande comuniste. Il resto dei banditi è circondato e non sfuggirà all'annientamento. Parecchie case coloniche sono rimaste preda delle fiamme e sono state distrutte; non preoccupatevi di ciò! L'Amministrazione germanica provvederà affinché col vostro concorso in piena collaborazione abbia immediatamente inizio la ricostruzione. Chiunque nei Comuni rivestiva una carica deve immediatamente ricoprirla. Tutti devono immediatamente riprendere il loro lavoro affinché ritornino subito nuovamente l'ordine e una vita regolata. Se avete preoccupazioni od ansie riferitele ai funzionari dei vostri Comuni perché essi con l'aiuto dei consiglieri tedeschi possano contribuire ad attenuare i dolori del momento. Non dimenticatevi però che la colpa prima della situazione tragica di oggi ricade unicamente sui banditi bolscevichi e sui traditori e loro complici. Al Reich germanico i banditi bolscevichi comunque non potevano arrecare alcun danno. Essi hanno arrecato danni unicamente a voi. Siete dunque invitati a denunciare ai Comandi germanici ancora gli eventuali nascondigli dei banditi, rispettivamente i nomi dei capoccia dei banditi. Abbiate fiducia in noi! Sotto la protezione delle forze armate germaniche e col vostro appoggio voi dovete ritornare ad essere uomini liberi nella vostra Patria. Quale vostro camerata, il soldato germanico combatte per l'ordine, la pace e il benessere. Chi lo aiuta assicura a se stesso e alla sua famiglia un felice avvenire; chi vi si oppone incorre nelle più tremende sanzioni».

Il giornale triestino, come riportato in precedenza, giustificava la tragedia di Pisino osservando che "dure misure sono state provocate" dalla resistenza dei partigiani, tanto che fu ucciso anche il Podestà italiano e di sentimenti fascisti. Questo in sintesi tratto dal libro della Feresini il racconto della rappresaglia nazista a Pisino, cominciando dal primo bombardamento del 27 settembre: "Il 27 si verificò il primo bombardamento aereo tedesco e colse di sorpresa la popolazione sfollata che era appena rientrata dalla campagna. Alle 3 pomeridiane suonò il primo allarme e subito dopo cinque apparecchi fecero incursione sull'abitato. Persuasi che Pisino fosse piena di ribelli, i tedeschi sganciarono 21 bombe, che colpirono diversi edifici [non il castello e le prigioni che furono risparmiate]. Il 30 altro allarme ma obiettivo era Rozzo dove esisteva un comando partigiano. Il 2 ottobre secondo bombardamento più massiccio (8 apparecchi 60 bombe)". Carlo Laube, il quale da Albona aveva assistito assieme ai suoi concittadini all'incursione, così la descrisse in un diario: "Sono le 14. Passano sulle nostre teste quattro aerei tedeschi, che dopo aver girato un po' sopra Pozzo Littorio, si sono diretti verso Gimino o Pisino. Sul tramonto assistiamo dalla Fortezza ad un bombardamento visto contro luce. Vediamo gli aerei scendere in picchiata sull'obiettivo, poi impennarsi in una colonna di fumo. Altri aerei ripetono le azioni dei primi; altre colonne di fumo. È uno spettacolo terribile, visto contro la luce del tramonto sullo schermo dell'orizzonte. È difficile però stabilire quale sia il luogo vicino contro cui si accaniscono i tedeschi: forse Sanvincenti, Canfanaro o Gimino. Sono le 19, un aeroplano ripassa sopra di noi basso, lento. Lo spiazzo della Fortezza, a quest'ora insolitamente frequentato, si sfolla d'incanto. 3 ottobre. Notizie giunte ci informano che ieri è stata violentemente bombardata Pisino. È il bombardamento cui abbiamo assistito dalla Fortezza."

Il bombardamento distrusse il Teatro e colpì "in più parti il Ginnasio-Liceo G.R. Carli, di cui crollarono le scale e l'ala rivolta verso Piazza Garibaldi, dove esplosero sette bombe. L'insistenza su questo obiettivo era dovuta al fatto che nella piazza aveva sede l'autoparco partigiano. Nei giorni precedenti erano stati infatti ammassati un gran numero di camion, raccolti da tutta l'Istria, per sostituire le targhe di Pola con le nuove PZ (Pazin). Tutti gli edifici dalla zona del Viale fino al Castello furono danneggiati e alcuni completamente distrutti. Ci furono 4 morti fra i cittadini". Il giorno dopo, il 3, ritornarono gli aerei ma si limitarono ad un lancio di volantini in croato che invitavano i partigiani alla resa: in quella mattinata fu deciso di trasferire i prigionieri di Parenzo a Vines.

4 ottobre. I soldati della divisione "Prinz Eugen", a Pisino ebbero l'ordine di fare piazza pulita. Scrive la Feresini: "Come si avvicinavano alla periferia di Pisino, i soldati uccidevano

quanti incontravano per la strada o nelle case. Nessuna abitazione fu rispettata. Tutte ebbero dei morti."

E ancora, "I tedeschi sparavano con i cannoncini della contraerea contro le case. Quando entrarono a Pisino le trovarono vuote. Sui Drasei vennero uccisi il podestà Vitale Berardinelli e il prof. Antonino Natoli, che andavano incontro ai soldati tedeschi per spiegare la situazione. Nella stessa località vennero uccisi il rilegatore di libri Lizzul e il suo giovanissimo figlio".

Una parte dei cittadini di Pisino si era rifugiata nel convento dei frati, dove era rimasto il solo padre Emanuele Ongaro, che aveva sciolto la clausura per accogliere i disperati cittadini. Racconta la Feresini: "Padre Ongaro, all'avvicinarsi della pattuglia in perlustrazione, si presentò sulla soglia accompagnato da Maria Ghersetti Andriani, che conoscendo il tedesco, avrebbe fatto da interprete. Ma una scarica di mitra lo colpì a morte, prima che potesse parlare, sui gradini del convento. Le schegge dello stipite ferirono il volto della donna. Il corpo del frate rimase per tre giorni sul posto, insepolto."

Il libro della Feresini continua l'elenco delle vittime pisinotte dei tedeschi. Cito ancora soltanto il caso di quanti si erano rifugiati a Villa Mezzari: "Era una trentina di persone... furono condotti nel cortile della casa di proprietà dei Runco, dietro al negozio Milotti, dove una bomba aveva formato un cratere. E quello fu la loro tomba". Uno di qucsti, Aldo Ricchetti, dice la Feresini, aveva con sé molto denaro, con il quale sperava di accattivarsi i soldati: fu invece la sua condanna a morte.

I prigionieri dei partigiani nel Castello, erano rimasti i pisinotti e due soldati tedeschi catturati dai partigiani in precedenza, furono liberati. La presenza dei due soldati fu utile perché impedì ulteriori azioni di rappresaglia contro i civili che si erano rifugiati nei sotterranei del Castello.

Per due giorni – dice la Feresini – la truppa ebbe licenza di razziare. In città continuarono le sparatorie. La tiepida sera di ottobre fu illuminata dai falò di 37 case incendiate con il lanciafiamme tra le quali la scuola elementare di via D'Annunzio, di cui non rimase che lo scheletro. Furono saccheggiati tutti gli appartamenti, fu portata via la biancheria, i corredi delle spose, l'argenteria e il vasellame. I mobili furono aperti con le baionette, insudiciati i materassi, i generi alimentari, spaccati i grammofoni e le radio. Non c'era cosa che non portasse il segno della spaventosa razzia. La sera del 6 gli uomini rastrellati furono rinchiusi nel Castello per un controllo, compresi quelli che erano stati appena liberati, mentre le donne vennero adibite a servizi di cucina per la truppa.

Un bilancio dell'intervento tedesco lo si può trarre dai registri parrocchiali, da cui si ricava che l'elenco delle vittime della rappresaglia di Pisino e del circondario ammonta a 250: per tutti l'unica causa del decesso è "per vim", per violenza.

Un altro testo "La dura sorte di Pisino" del dottor Cordovado, fa questo tragico resoconto: "Pisino, la capitale provvisoria del movimento insurrezionale croato, benché abitata da italiani, è bombardata senza pietà da «Stukas» e cannoni. Molti cittadini sono mitragliati dai rastrellatori, irritati per un debole tentativo di resistenza dei partigiani. Vi si insedia temporaneamente il capo della Polizia ed SS Globocnik che decide sulla vita dei prigionieri, quando ne venivano fatti, ordinando brutali esecuzioni". Ma Pisino non fu il solo borgo a subire la pesantissima rappresaglia nazista. Canfanaro fu in parte bruciata ed il parroco impiccato. A Gimino le SS penetrarono in molte case uccidendo vecchi, donne e bambini, incendiando fienili e cantine dove numerosi abitanti avevano cercato scampo e lanciando granate nei cespugli, nei fossi, nei campi, ovunque scorgevano dei superstiti. Nella relazione Žic si legge: "Nell'intero comune di Gimino che contava 4.580 anime, hanno ucciso 15 bambini al di sotto dei sette anni, 197 adulti e 29 sono morti sotto i bombardamenti, in totale 241 persone. (...)".

Aggiungo su quella rappresaglia ancora una testimonianza, quella nella sua parrocchia, raccontata da mons. Rensi, parroco di Pićan (Pedena), in un suo libro[7]; è l'8 ottobre 1943: "Verso le 10-11 vidi arrivare da tre strade di campagna carri con buoi aggiogati, davanti ai quali stava un vecchietto con in mano una verga dalla quale penzolava un fazzoletto bianco quale bandiera e di dietro un ragazzo o una donna che sollecitava i buoi. Sul carro poi si scorgeva un carico oscuro. Ecco che cosa era: il giorno prima nel pomeriggio, le S.S. si erano sparpagliate per le campagne ed avevano mitragliati tutti quelli che si trovavano nascosti. Ben 28 vittime furono raccolte, fra le quali anche una tal Giuseppina Vozilla di circa 30 anni colla bambina morta ancora allacciata al collo. Tutti gli uomini di Pedena si misero a scavare nel cimitero una grande fossa, quindi togliemmo dai carri i cadaveri e stipandoli uno accanto all'altro, li seppellimmo religiosamente. Nei giorni seguenti furono trovati altri cadaveri. Intanto a Pisino dove pure vi fu un grande macello, vennero liberati gli incarcerati dai partigiani tra i quali mio nipote."

Ricordate i primi articoli che ho riportato, quelli sui numeri della rappresaglia? Può essere che la propaganda, così precisa sui numeri delle mitragliatrici confiscate o sui pezzi anticarro, abbia forse gonfiato, come detto, i numeri degli uccisi e dei catturati. Resta, tuttavia, una domanda che nessuno sembra finora essersi mai posto seriamente: che fine hanno fatto quei morti e quei prigionieri?

In realtà un'ipotesi è stata fatta. Circa le vittime delle foibe, la fonte di provenienza croato-ustascia citata in precedenza avanza anche altre prospettive. Scrive il professor Žic che nelle "voragini, vecchie cave ed altre fosse comuni accomunate col nome di foibe (...) furono gettati anche cadaveri di soldati tedeschi rimasti uccisi negli sconti del 13 settembre e, alcune settimane dopo, numerosi cadaveri di partigiani e civili uccisi

---

[7] Mons. Pietro Rensi, "Cinque anni sotto i comunisti titini", Tipografia Artigianelli, Trento 1960.

dai tedeschi e da essi abbandonati per le campagne". Del resto nella foiba di Vines furono riesumate le salme di 12 soldati tedeschi. Non solo, Giacomo Scotti, citando una serie di massacri, riferiti da Žic, operati dai nazisti, elenca alcuni nomi indicati nella relazione Žic nella grafia croata, osservando che "quasi tutti questi nomi, nella loro variante italianizzata, li ritroviamo in vari elenchi di persone che sarebbero state massacrate e infoibate dai partigiani". Ma, ancora: "Il fatto che i tedeschi procedettero a fucilazioni di «ribelli» nelle cave di bauxite, come fecero nei medesimi giorni i partigiani per eliminare i loro prigionieri, è stato «provvidenziale» per la storiografia fascista. Successivamente (...) furono attribuite ai partigiani pure una parte delle vittime della repressione tedesca".

Ma quante, dunque, e chi furono le vere vittime delle foibe? Una squadra di vigili del fuoco di Pola, diretta dal maresciallo Arnaldo Harzarich o Harzari, fu impegnata dalla seconda metà di ottobre 1943 ai primi di febbraio del 1945 in una campagna di esplorazione delle cavità e di recupero dei corpi di infoibati istriani. Dal rapporto Harzarich risulta che furono recuperate da dieci foibe istriane 203 salme, 121 delle quali riconosciute . Il pubblicista Nikola Žic, informatore, come più volte si è ricordato, del Ministero degli esteri dello Stato croato dell'ustascia Ante Pavelić, scrisse in un rapporto del gennaio 1944: "(...) quando, alcuni giorni più tardi, cominciarono ad avanzare i reparti germanici, i partigiani vennero a trovarsi nell'impaccio, non sapendo dove trasferire i prigionieri fascisti per non farli cadere nelle mani dei tedeschi. In questo imbarazzo hanno deciso di ammazzarli. Ne hanno uccisi circa 200 gettandone i corpi nelle foibe. Tuttavia molti altri fascisti sono riusciti a scappare raggiungendo Pola e Trieste, rivolgendosi ai Tedeschi per aiuto". Riguardo al numero delle vittime della rivolta popolare, da più autori viene riportata una dichiarazione, rilasciata alla fine del gennaio 1944 dal segretario del Partito fascista repubblicano e pubblicata dalla stampa della RSI dell'epoca, secondo la quale in Istria finirono infoibate dagli insorti 349 persone, in gran parte fascisti. Per lo stesso Harzarich le vittime istriane della rivolta popolare erano da calcolare a "non meno di 460 e non più di 500". Tale calcolo si otteneva "sommando agli infoibati le persone date come disperse nelle varie località istriane, 19 civili fucilati e gettati in mare nei pressi di Santa Marina di Albona e un numero approssimativo di corpi che non avevano potuto essere recuperati dalle cavità carsiche in quanto in alcune di esse, le più profonde, era stato impossibile raggiungere tutte le salme per insormontabili difficoltà tecniche". Circa le dichiarazioni dell'Harzarich va detto che il suo rapporto, di cui una copia è conservata presso l'archivio dell'Istituto Regionale per la Storia del Movimento di Liberazione di Trieste, non è tuttavia un documento originale dell'epoca, ma una deposizione successiva del luglio 1945 rilasciata ai servizi di informazione alleati. E addirittura in esso per le identificazioni delle salme il maresciallo Harzarich fa riferimento a quanto apparve all'epoca dei recuperi sui giornali, e cioè agli articoli del Piccolo, ed al libello redatto dai nazifascisti "Ecco il conto!", come può rilevare, chi legga il rapporto, dal brano relativo all'esplorazione della foiba "dei colombi" di Vines.

La foiba "dei colombi" è la foiba da cui fu riesumato il maggior numero di salme. La squadra diretta dal maresciallo Harzarich esplorò la cavità nei giorni tra il 16 al 25 ottobre 1943 dove furono rinvenuti complessivamente 84 cadaveri, dodici dei quali erano militari tedeschi. Vines è situata nei pressi di Albona – Labin, cittadina nell'Istria sud-orientale sulla strada che da Pola porta a Fiume. La località che fa parte del bacino carbonifero dell'ARSA, agli inizi degli anni '20 fu teatro di moti sociali che culminarono nell'occupazione dei pozzi e l'instaurazione di una repubblica di stampo sovietico. Albona, dove il comando del movimento insurrezionale e partigiano fu assunto da comunisti affiliati al partito comunista italiano, fu una della zone dove avvennero i primi e più massicci arresti. Tuttavia, si cercò di evitare ingiustizie per quanto possibile: diverse persone arrestate come fasciste furono liberate per intervento di Aldo Negri, ma poi nuovamente arrestate da personaggi estranei al locale Comando partigiano. Tra gli infoibati di Albona si ricorda che vi fu anche Giacomo Macillis, noto per essere stato uno degli esponenti della rivolta antifascista dei minatori del bacino carbonifero di Arsia nel marzo-aprile 1921. Non va dimenticato il rancore verso lo Stato fascista di quelle popolazioni per l'archiviazione dell'inchiesta sulla sciagura mineraria avvenuta nel febbraio 1940 nel bacino carbonifero dell'Arsia che provocò 185 morti tra i minatori italiani e slavi e ben 147 feriti. La società mineraria apparteneva all'IRI e le cause della sciagura ricadevano sulla direzione del complesso. Venne tutto messo a tacere, ma se lo scoppio della guerra fece cadere nel dimenticatoio dell'opinione pubblica la tragedia, le sue cause, i morti ed i feriti, non fu così per le popolazioni italiane e croate della zona, che dovettero piangere i loro morti senza aver ottenuto giustizia.

Le violenze degli insorti si scatenarono in quei giorni di settembre 1943 quasi esclusivamente verso i carabinieri, i gerarchi, le camicie nere, gente che si era meritato l'odio delle popolazioni per le persecuzioni e le continue pesanti vessazioni. Ricorda Roberto Spazzali che "non bisogna dimenticare il carattere politico di certe vittime, passate alla memoria come civili ma che avevano ricoperto in vita i ruoli del fascismo locale: nella pubblicistica del secondo dopoguerra questa duplice identità viene spesso omessa a favore di quella esclusivamente civile, ma è ben presente nelle onoranze tributate all'epoca e nella corrispondenza coeva, quando parla di "nostri disgraziati squadristi" riferendosi alle salme rinvenute dai vigili del fuoco di Pola. Un confronto tra gli elenchi pubblicati e quelli più specifici ed inediti in particolare, lo schedario dell'associazione nazionale caduti e dispersi della Repubblica Sociale Italiana ci offre una prospettiva imprevedibile quanto suggestiva di un'Istria tutt'altro che remissiva e in balia degli eventi".

L'etichetta di fascisti, squadristi ecc. venne data alla maggior parte delle vittime anche dai giornali repubblichini dell'epoca, in occasione della riesumazione delle salme e dei funerali. *Il Corriere Istriano* di Pola e *Il Piccolo* di Trieste mettevano in risalto nei loro necrologi, accanto a nomi e cognomi, le cariche di podestà, segretario del Fascio ed altro, insieme a gradi e titoli vari. Oggi, accanto a quei nomi, figurano solo professioni e mestieri, da ingegnere ad agricoltore, con l'aggiunta stereotipa di «vittime della barbarie comunista slava».

Va detto infine che nel mucchio capitarono anche "fascisti" che non avevano colpe da espiare o con i quali i delatori avevano antichi conti personali da regolare. Nei dintorni di Pisino agenti dell'OZNA [Odjeljenje za Zaštitu Naroda] (Distaccamento per la difesa del popolo) fucilarono negli ultimi giorni di settembre alcuni "narodnjaci" [nazionalisti] croati che avevano massacrato per vendetta alcuni italiani. Non bisogna inoltre dimenticare che gli arresti avvennero anche su denuncia di persone convertitesi all'ultima ora alla causa del Movimento di Liberazione. “Tra questi partigiani dell'ultima ora c'erano - in non pochi casi - quelli che avevano indossato la camicia nera solo qualche settimana indietro o la divisa di carabiniere sino all'8 settembre, personaggi che, armi alla mano, si erano autoproclamati capi partigiani”.

Anton Vratusa-Urban, uno sloveno che era accreditato presso il Comitato di Liberazione Nazionale Alta Italia (CLNAI) in rappresentanza dell’Esercito popolare di Liberazione jugoslavo, quando nel luglio 1944 fu affrontata dal CLNAI la questione delle foibe, in una relazione di risposta parlò di “singole irregolarità” verificatesi nei giorni di settembre 1943 in Istria, definendole “fenomeni marginali dovuti in maggioranza a singoli elementi locali irresponsabili, infiltratisi nel nostro movimento”. Un esempio di tali irregolarità è il racconto che la giornalista Laura Marchig fa sul quotidiano *La Voce del Popolo* di Fiume il 26 luglio 1990: “Nella memoria della gente della valle di Cepic è rimasta la figura di Libera Sestan, una giovane donna di Novako, un paese del comune di Pisino. Era nata nel 1919 e all’epoca aveva 24 anni. Libera era bellissima e, raccontano, aveva un animo dolce e sensibile. La sua era una famiglia benestante che certo suscitava l’invidia di molti. Si era sposata con un ufficiale dei carabinieri e aveva due figlie piccole. Era solita recarsi molto spesso a Pisino, per fare compere o concludere qualche affare, abitudine che gli abitanti delle campagne attorno alla cittadina hanno mantenuto anche oggi. Questo però fu sufficiente e pretesto a un suo parente, Veljko Sestan, partigiano, per dichiararla spia e nemica del popolo. Andò a prelevarla a casa, con un manipolo di suoi collaboratori, trascinando via con lei anche il padre. Dicono che li pregasse in ginocchio di permetterle di rivedere per un'ultima volta le sue piccine, ma le fu negato. Prima di gettarla viva, insieme al padre, nella foiba di Chersano, la malmenarono e le bruciarono i capelli. Il delitto non restò impunito. Un altro suo cugino, Ervin Sestan, che le era molto affezionato, impazzì quasi dal dolore. Subito dopo quei fatti, si unì per vendetta e per disperazione all'esercito tedesco. Dopo qualche tempo arrivò insieme ai tedeschi a prendere Veljko in casa. Veljko appena li vide tentò di scappare scavalcando la finestra sul retro e correndo via per i campi, ma Ervin sparando con una pistola dalla finestra riuscì a colpirlo alla testa e ad ucciderlo."

Matteo, Mate Stemberga, "contrabbandiere molto noto nella zona" di Albona, nelle file dei "ribelli" si guadagnò la fama di "vero e proprio sadico assassino". Stemberga, stante i "si dice", avrebbe infoibato personalmente l'avvocato di Albona, Pietro Milevoj che era militante del partito fascista. Così la giornalista Laura Marchig riporta agli inizi dell'agosto 1990 sulle efferatezze dello Stemberga la testimonianza di una donna anziana di Vines: "La sua era una famiglia molto ricca, erano possidenti, ma lui, non so perché, odiava i benestanti, i borghesi in genere, odiava tutti, e divenne il carnefice del movimento partigiano. Dicono che sia stato Stemberga il primo a gettare la gente nelle foibe. Ma mica solo nelle foibe: in mare, nelle grotte d'acqua salata vicino a Fianona. Ammazzava la propria gente. Fu lui, a capo di uno squadrone della morte, a raccogliere per le case di Albona parecchie decine di italiani, scelti fra quelli che egli conosceva, tra quelli che appartenevano alla piccola borghesia albonese. Diceva che questi, una volta arrivati i tedeschi, avrebbero potuto collaborare con loro. Li vennero a prendere di notte, li legarono insieme con del filo di ferro e li caricarono su una barca, poi li trasportarono al largo. Lì, a ognuno un colpo in testa e, via, in mare. Mate Stemberga era un criminale, ne ha accoppati tanti, ma tanti! Ha rovinato anche la mia famiglia.(...) Per rappresaglia, quando vennero, i tedeschi ammazzarono la sua donna che era incinta. Suo fratello Tommaso morì anche lui, nelle carceri di Pola. Un altro fratello, Ive, e Katica moglie di Ive, finirono a Dachau. La madre invece rimase a Pola, come ostaggio, in prigione, fino a quando non acciuffarono il figlio e lo uccisero. L'unica ad essere stata risparmiata della famiglia Stemberga fu la cognata, moglie di Tommaso, che era incinta. Mate Stemberga morì come un cane. Lo presero mentre si nascondeva in una casa di Carbune dalle parti di Cepich. Si era infilato nel camino, ma gli videro i piedi che penzolavano e spararono."

Anche se la storia del camino è vera, la cronaca dell'epoca è molto più generosa circa la sua uccisione da parte del caposquadra confinario Dante Gasperini. Un articolo del Piccolo dell'epoca racconta la fine dello Stemberga, il cui nascondiglio fu individuato a Carbune dal "camerata" di Pisino Francesco Mizzan. Lo Stemberga fu ucciso all'alba del 5 novembre. Per annotare come su molto di ciò che successe si ritrovino versioni, poi, contrastanti e talvolta fuorvianti, lo storico Gaetano La Perna dice riguardo allo Stemberga che "verrà ucciso per vendetta dal fascista Francesco Mizzan di Pisino la sera del 6 novembre 1943 a Villa Carbune in Valle di Pedena". Ma al mattino del 6 novembre la notizia della sua morte era già sul Piccolo di Trieste.

Non mancarono violenze sulle donne, da entrambe le parti. Lo stesso Žic nella sua relazione più volte citata scrive: "Alcuni uomini al di sopra dei 50 anni, che sono stati costretti a trasportare le munizioni dei tedeschi, hanno raccontato che nell'Istria settentrionale i soldati hanno violentato ragazze e donne". Abbiamo già detto di Libera Sestan, si possono ricordare le tre sorelle Radeki italianizzato Radecca di Polje, di famiglia croata, Fosca di diciassette anni, Caterina di diciannove e Albina di ventuno, quest'ultima in stato di gravidanza, arrestate il primo ottobre, i cui cadaveri furono recuperati dalla foiba di Terli nel novembre 1943.

Ma il caso forse più emblematico è quello di Norma Cossetto, la cui salma fu recuperata dalla foiba di Surani. Norma

Cossetto era una studentessa universitaria di Santa Domenica di Visinada, aveva ventiquattro anni. Suo padre, Giuseppe Cossetto, proprietario terriero, era stato Commissario governativo delle Casse Rurali della Provincia e per lunghi anni Podestà oltre che segretario del Fascio di S. Domenica di Visinada e tra i massimi gerarchi del regime in Istria. Secondo la vulgata successiva, Norma Cossetto fu catturata il 25 settembre 1943 da un gruppo di uomini che il giorno precedente avevano saccheggiato la sua abitazione. Condotta dapprima a Visignano, fu trasferita a Parenzo e successivamente ad Antignana, dove fu violentata e torturata da diciassette balordi esaltati ed ubriachi e quindi gettata nuda nella vicina foiba di Surani. Il padre di Norma Cossetto, che poche ore prima era accorso insieme al sottotenente del genio Mario Bellini, suo parente, per chiedere la liberazione della figlia, rimase ucciso insieme all'ufficiale in un agguato, di sera, all'ingresso del paese. I loro cadaveri finirono nella foiba di Castellier di Visinada. E dei diciassette torturatori di Norma Cossetto, si dice che sei caddero nelle mani di un manipolo di fascisti repubblichini istriani nel dicembre del 1943. Costretti a passare l'ultima notte della loro vita nella cappella mortuaria del locale cimitero per vegliare la salma in decomposizione della loro vittima, tre impazzirono. All'alba, senza aver subito alcun processo, furono fucilati insieme agli altri tre a raffiche di mitra. Il presidente Ciampi attribuì a Norma Cossetto l'onorificenza per la Giornata del Ricordo 2006.

Vanno dette però anche alcune altre cose. Giacomo Scotti qualche anno fa ha documentato nel suo libro "Dossier Foibe" come la Cossetto fosse la responsabile locale della Gioventù Universitaria Fascista. Inoltre, all'epoca del ritrovamento questo fu quanto si scrisse il 16 dicembre 1943 sul giornale triestino, dopo averne così riportato il nome nell'elenco: "Da Santa Domenica di Visinada: prof. Norma Cossetto, d'anni 24": "La giovane professoressa Norma Cossetto era figlia di Giuseppe Cossetto, trucidato a Castellier assieme al congiunto Mario Bellini; il fratello Eugenio e la cognata di quest'ultimo, Ada Sciortino, erano stati massacrati a Villa Surani. Della famiglia Cossetto, inoltre altri due fratelli Emanuele e Giovanni, erano stati imprigionati a Pisino e furono salvati dall'intervento tedesco." Non vi sono altre indicazioni. Niente delle descrizioni raccapricciantі che si possono leggere su certi libri e su Internet, forse suggerite dall'ultima delle prime frasi dell'articolo che dicono: "Anche le operazioni di ricupero delle salme della foiba di Villa Surani presso Antignana di cui fu già data notizia, sono concluse. Sono stati estratti dalla voragine i resti di 26 Italiani (non 28 come si presumeva) ch'erano stati massacrati la notte del 4 ottobre; essi erano stati portati ad Antignana da Parenzo, e dopo una breve sosta nella caserma di quel paese condotti sul luogo del massacro. Le vittime avevano tutte le mani saldamente legate col filo spinato; molte avevano tracce di baionettate in più parti del corpo." E circa il fatto che i presunti torturatori della vulgata fossero 17 può sorgere il sospetto che tale numero sia stato suggerito dall'ultimo periodo dell'articolo che ci dice che: "Nella foiba presso Antignana sono state trovate, oltre ad alcuni indumenti militari, 17 bustine con la stella rossa che dovevano appartenere ai massacratori."

Non mi resta che aggiungere che nella stessa foiba furono ritrovate le salme di altre due donne, Maria Valenti da Villanova di Parenzo e Ada Sciortino nata Riosa, di 40 anni, da Castellier, cognata del Bellini già prima ricordata.

Concludo riportando quanto *Il Piccolo* il 5 novembre 1943 riporta circa il ritrovamento nella cava di bauxite nei pressi di Lindaro del cadavere del sacerdote don Tarticchio, sulla cui fine cose altrettanto raccapriccianti si leggono in taluni libri e su Internet:

> Come abbiamo detto oggi, fra le salme nella cava di Lindaro è stata trovata quella di un sacerdote, identificata per quella di don Angelo Tarticchio, da Gallesano, da 11 anni parroco di Villa di Rovigno, che il 17 dello scorso settembre era stato aggredito in casa da un gruppo di banditi e portato via a viva forza. Del povero sa-

cerdote dal giorno della scomparsa fino a quello tristissimo del rinvenimento delle spoglie nulla si era saputo. La madre e la sorella, che col cuore angosciato avevano assistito impotenti all'aggressione, dopo aver atteso otto giorni, passando dalla speranza più viva alla disperazione più cupa, il ritorno del loro caro, si recarono a Valle per informare dell'accaduto il parroco di quella località, don Leonardelli, loro compaesano. Passate parecchie settimane e avuta notizia della strage di Vines, le infelici donne non sperarono più di rivedere vivo il loro caro e solo desiderarono di ricuperarne la spoglia. Informate del ritrovamento di 23 vittime in una cava di bauxite di Lindaro, si recarono immediatamente sul posto e da un sacerdote che aveva assistito all'estrazione dei cadaveri dalla cava apprendevano che tra essi si trovava pure quello del loro figlio, rispettivamente fratello, e che il cadavere era stato trasportato nella cappella mortuaria di Lindaro. Il vescovo, mons. Radossi, si era recato a Lindaro per pregare presso la martoriata salma dell'infelice giovane sacerdote. Nel pomeriggio di ieri le spoglie di don Angelo Tarticchio sono state trasportate a Gallesano che è in lutto per la tragica fine di questo suo diletto figlio.

Su come avvenne questo eccidio si ha testimonianza in quanto vi furono due superstiti. *Il Piccolo* del 4 novembre 1943 lo racconta:

All'alba del 19 settembre, otto giorni dopo l'arrivo dei banditi slavo-comunisti nella città di Pisino ceduta ad essi dal comandante il presidio militare, i prigionieri rinchiusi nel Castello videro partire un gruppo di camerati che furono fatti salire su un autocarro; ad essi altri furono aggiunti, con un secondo autocarro, presso l'ex caserma dei carabinieri. Era in questo gruppo Lino Gherbetti, già vicesegretario del Fascio di Pisino, il quale era stato minacciato di arresto quando aveva chiesto alle autorità militari armi per i cittadini pronti a difendere con lui la città, e successivamente interruppe le trattative fra i rappresentanti dei ribelli e il colonnello dell'Esercito richiamando energicamente questo ultimo ai suoi doveri di Italiano e di soldato. Infine, il Gherbetti fu fatto arrestare dal colonnello Scrufari, insieme agli altri cittadini di cui i banditi avevano chiesto il «fermo precauzionale», e allora chiese, gesto in tutto degno del suo carattere franco e generoso, di essere consegnato in ostaggio ai partigiani fuori dalla città, perché venissero liberati i suoi compagni.

Gli autocarri giunsero sul posto dell'eccidio quando era ancora buio. Scesi nei pressi della cava, scelta in precedenza dagli sgherri, gli Italiani furono completamente spogliati di ogni indumento (vestiti, biancheria, calze e scarpe) e posti sull'orlo della fossa. Uno dei due superstiti di questo gruppo, riusciti a scappare, nudi, con altri due prigionieri che furono invece ripresi e uccisi più tardi, ricorda molto confusamente quei momenti vissuti nell'oscurità, sul ciglio della cava. Nella sua mente terrorizzata, dell'orrido quadro sono rimasti soltanto il nero della notte, le maledizioni e le accuse che i morituri fieramente scagliarono in faccia ai massacratori, i primi colpi di fucile mitragliatore prima ch'egli riuscisse a fuggire, l'eco di urla strazianti udite ormai da lontano, nella corsa disperata attraverso i boschi.

Spero di aver dato a chi ha ascoltato la relazione ed al lettore di questo opuscolo molti spunti e motivi di riflessione.

Sergio Fumich è nato a Trieste nel 1947. Dal 1970 si è trasferito a Brembio, piccolo comune del Lodigiano. Ha operato per oltre trent'anni, a Milano e a Crema, come formatore nell'ambito dell'*Information Technology*, per conto di una importante Fondazione lombarda che si occupa di formazione professionale.

Ha svolto attività pubblicistica dal 1978 al 1995 come collaboratore del quotidiano di Lodi *Il Cittadino*, come direttore responsabile di alcuni fogli locali e della rivista di poesia *Keraunia*. Ha pubblicato libri di poesia e di racconti e opuscoli divulgativi.

INDICE

Introduzione 5

Governo popolare e rappresaglia nazista......................... 7

Notizia 53

www.ingramcontent.com/pod-product-compliance
Ingram Content Group UK Ltd.
Pitfield, Milton Keynes, MK11 3LW, UK
UKHW041837200726
13854UKWH00003BA/1182

9 781409 206767